www.ingramcontent.com/pod-product-compliance
Lightning Source LLC
LaVergne TN
LVHW010416070526
838199LV00064B/5310
9789358727821

سبزیاں اور صحت

(مضامین)

مرتبہ:

اعجاز عبید

© Taemeer Publications LLC

SabziyaaN aur Sehat (Essays)
by: Aijaz Ubaid
Edition: April '2024
Publisher :
Taemeer Publications LLC (Michigan, USA / Hyderabad, India)

ISBN 978-93-5872-782-1
9 789358 727821

مرتب یاناشر کی پیشگی اجازت کے بغیر اس کتاب کا کوئی بھی حصہ کسی بھی شکل میں بشمول ویب سائٹ پر اَپ لوڈنگ کے لیے استعمال نہ کیا جائے۔ نیز اس کتاب پر کسی بھی قسم کے تنازع کو نمٹانے کا اختیار صرف حیدرآباد (تلنگانہ) کی عدلیہ کو ہو گا۔

© تعمیر پبلی کیشنز

کتاب : **سبزیاں اور صحت** (مضامین)

مرتب : **اعجاز عبید**

صنف : غیر افسانوی نثر

ناشر : تعمیر پبلی کیشنز (حیدرآباد، انڈیا)

سالِ اشاعت : ۲۰۲۴ء

صفحات : ۴۶

سرورق ڈیزائن : تعمیر ویب ڈیزائن

فہرست

(۱)	کریلے کی شفایابی	6
(۲)	ککڑی کے ہوشربا فوائد	10
(۳)	لیموں سے پچاس بیماریوں کا آزمودہ علاج	13
(۴)	پودینہ قدرت کا انمول تحفہ	19
(۵)	بینگن کے کرشماتی فائدے	24
(۶)	میتھی قدرت کا بہترین تحفہ	26
(۷)	کدو صحت و قوت کا خزانہ	29
(۸)	ٹماٹر سستی سبزی، انمول فوائد	33
(۹)	گوبھی سے نظریں نہ چُرائیں	36
(۱۰)	مولی کو کھانے میں شامل کیجئے	39
(۱۱)	کریلا صحت کے لئے کڑوا نہیں	43

کریلے کی شفایابی

پروفیسر عنایت اللہ

ہمارے پڑوس میں ایک صاحب عبداللہ شاہ آیا کرتے تھے۔ عمر میں سو سال سے اوپر تھے، مگر چست اور توانا۔ روزانہ تین چار میل پیدل چلتے۔ ان کی نظر بھی کمزور نہیں تھی، باریک لفظوں والا قرآن پاک پڑھتے، کمر جھکی نہیں تھی۔ دانت بالکل سلامت تھے ،وہ جب کبھی آتے ان کے ملنے والوں میں افراتفری مچ جاتی۔ دوپہر کے کھانے میں شاہ صاحب صرف کریلے کھاتے۔ طرح طرح کے پکوان کریلوں سے بنائے جاتے۔ بازار میں دستیاب نہ ہوتے تو ان کے لیے تلاش کر کے لائے جاتے۔ کچھ معتقد تو ایسے تھے کہ ہر موسم میں کریلے اگاتے تاکہ شاہ صاحب کو کھانے میں کوئی شکایت نہ ہو۔ شاہ صاحب کہا کرتے :" صحت کا راز کریلوں میں ہے۔ آج تک میرے بدن پر گرمی کے موسم میں پھوڑا پھنسی نہیں نکلی، خارش نہیں ہوئی۔ میرا رنگ اس عمر میں بھی سرخ و سفید ہے۔ میں ٹانک یا کشتے استعمال نہیں کرتا صرف دن میں ایک بار کریلے ضرور کھاتا ہوں۔ مجھے شوگر یا گنٹھیا کا عارضہ بھی نہیں، اللہ کا شکر ہے من بھر سامان اٹھا کر چار میل تک گرمی میں چل سکتا ہوں۔"

موسم گرما میں کریلے بازار میں آسانی سے مل جاتے ہیں۔ انسانی جسم کے اندر فاسد مادے جمع ہوتے رہتے ہیں جو بعد میں نقصان کے جسم سے خارج کر دیتا ہے اور انتڑیاں

صاف کرتا ہے۔ اس میں یہ بھی خوبی ہے کہ پیٹ میں درد اور مروڑ نہیں ہونے دیتا۔ کریلوں کی کڑواہٹ دور کرنے کے لیے عموماً ان کی چھیل اور نمک لگا کر رکھ دیا جاتا ہے۔ بیج پھینک دیے جاتے ہیں۔ بڑی بوڑھیاں آج بھی کریلوں کو چھری سے کھرچ کر ان کے چھلکوں میں نمک لگا کر دھو لیتی ہیں۔ اور پھر تیل یا گھی میں تل کر چنے کی دال میں ملا دیتی ہیں۔ بھنی ہوئی چنے کی دال اور کریلے کے چھلکے بڑے مزے کے بنتے ہیں۔ ان میں ہلکی سی تلخی ہوتی ہے مگر وہ جسم انسانی کے لیے بہت مفید ہے۔ اب تو ڈاکٹر بھی کریلے کا پانی تجویز کرنے لگے ہیں۔ پہلے طبیعت ایک یا دو تازہ کریلے دھو کر آسمان کے نیچے رات بھر کے لیے رکھوا دیتے تھے اور صبح انہیں ثابت کوٹ کر ان کا پانی نہار منہ پلاتے تھے۔ معدہ خراب رہتا ہو، بھوک کھل کر نہ لگتی ہو، گیس بہت زیادہ ہو، ہر وقت جسم میں ناتوانی کا احساس رہے یا ذرا سا کام کرنے سے تھکن ہو جائے اور ہاتھ پاؤں گرمی سے جلتے رہیں۔ صبح انھیں تو پنڈلیاں پتھر کی طرح بھاری اور بوجھل لگیں، شوگر کی ابتدا ہو تو کریلے کا پانی پینے سے شفا مل جاتی ہے۔ جن کا مزاج بلغمی ہو، ان کے لیے کریلے بہت مفید ہیں۔ یرقان کے مریضوں کو بھی کھلائے جاتے ہیں۔ پتھری کے لیے بھی بے حد مفید ہیں۔ پیٹ میں کیڑے ہوں تو کریلے کھانے سے دور ہو جاتے ہیں۔ گنٹھیا کا مریض بھی انہیں کھا کر فائدہ اٹھا سکتے ہیں۔ دمے کے عارضے والے بھی اس انتہائی عمدہ سبزی کے استعمال سے صحت یاب ہو جاتے ہیں۔ کریلا بلغم خارج کر کے مریض کو سکون دیتا اور اعصابی کمزوری دور کرتا ہے۔ لقوہ اور فالج کے مریض بھی اسے کھا سکتے ہیں۔

آج کل گرمیوں، خصوصاً برسات کے موسم میں جلد پر دانے اور پھنسیاں نکل آتی ہیں۔ مختلف قسم کے پر کلی ہیٹ پاؤڈر وقتی طور پر سکون دیتے ہیں۔ اسی طرح لوشن لگانے سے ٹھنڈک تو پڑ جاتی ہے مگر آرام نہیں آتا۔ خواتین ہفتے میں دو تین بار کریلے پکا کر اس

کا علاج گھریلو طور پر کر سکتی ہیں۔ ان کے استعمال سے چہرے کی جلد بھی صاف ہو جاتی ہے۔ کریلے کھانے سے دائمی قبض دور ہوتا ہے۔ پیٹ میں پانی بھر جائے، جگر بڑھ جائے تو دوا کے ساتھ ساتھ کریلے کھانے اور ان کا پانی اور کلو کا پانی پینے سے جلدی فرق پڑتا ہے۔ جن لوگوں کا مزاج بہت گرم ہو ان کے لیے مناسب یہ ہو گا کہ وہ کریلوں میں دہی ڈال کر اور ہرا دھنیا ملا کر پکائیں۔ کریلے میں وٹامن بی اور سی کے علاوہ فولاد کیلشیم، فاسفورس اور پروٹین پائے جاتے ہیں۔ یہ ساری چیزیں انسانی صحت اور زندگی کے لیے بڑی اہم ہیں۔

خواتین یہ بات پڑھ کر بہت حیران ہوں گی کہ کریلا موٹاپے کو دور کرتا ہے۔ آپ اس کی سبزی بنا کر ہفتے میں تین بار کھائیں۔ بھارت کے کچھ علاقوں میں کریلے سکھا کر ان کا سفوف طبیب کی ہدایت کے مطابق روزانہ کھلایا جاتا ہے۔ اس کے استعمال سے وزن کم ہوتا ہے اور جلد چمکدار اور شفاف ہونے لگتی ہے۔ مختلف قسم کے جلدی امراض خود بخود دور ہو جاتے ہیں۔ جن لوگوں کو ذیابیطس ہو، ان کے لیے کریلا موسمی اعتبار سے بہترین غذا ہے۔ اس میں انسولین قدرتی طور پر موجود ہوتی ہے۔ کریلے کھانے سے خون میں شکر کی بڑھتی ہوئی سطح نارمل ہو جاتی ہے۔ اس کے رس میں تھوڑا سا شہد ملا کر پینے سے جگر کے امراض میں فائدہ ہوتا ہے۔ کریلے کا رس زیادہ کڑوا لگے تو تھوڑے بھنے ہوئے چنے کھانے سے منہ کا ذائقہ ٹھیک ہو جاتا ہے۔ شوگر کے مریض بکرے کا قیمہ بھون کر علیحدہ رکھیں اور دو کریلے لے کر ان کا ہلکا سا کھرچ اور دھو کر توے پر برگر کی طرح ہلکی آنچ پر سینک لیں۔ دونوں طرف سے سینک کر قیمے کے ساتھ کھائیں۔ اس سے فائدہ ہو گا۔

بعض جگہ خالص کریلے پکانے کا رواج بھی ہے۔ کڑوے بہت ہوتے ہیں مگر صحت کے لیے نہایت مفید خیال کیے جاتے ہیں۔ کریلے پکانے میں یہ احتیاط کرنی چاہیے کہ گھی

میں تلنے کے بعد اس میں پانی نہ ڈالیں۔ ذرا سا پانی پڑ گیا تو ساری ہنڈیا کڑوی ہو جائے گی۔ سوکھے کریلے کا سفوف دو گرام سے زیادہ استعمال نہ کیا جائے۔ ویسے بھی اپنے ڈاکٹر یا طبیب سے مشورہ کرنے کے بعد کھایئے۔

٭ ٭ ٭

ککڑی کے ہوشربا فوائد

عربی	قثاء
فارسی	خیارزہ
سندھی	پابی یاونگی
انگریزی	Yellow Cucumber

اس کا رنگ سبز اور پھول زردی مائل ہوتے ہیں۔ اس کا ذائقہ پھیکا اور مزاج سرد تر دوسرے درجے میں ہوتا ہے۔ اس کی مقدار خوراک بیج ایک تولہ تک اور ویسے آدھ پاؤ روزانہ ہے۔ اس کے حسب ذیل فوائد ہیں۔

* ککڑی کے فوائد

(۱) یہ حدت خون کو کم کرتی ہے۔

(۲) جگر کو تسکین دیتی ہے۔

(۳) ککڑی کے بیجوں کو پیشاب آور ہونے کی وجہ سے سوزاک، گردہ اور مثانہ کی پتھری دور کرنے کے لئے استعمال کرنا مفید ہوتا ہے۔

(۴) اس کے بیجوں کو رگڑ کر چہرے پر لیپ کرنے سے چہرے کا رنگ نکھرتا ہے۔

(۵) ککڑی کو کھانے کے لئے بہتر ہے کہ اس پر نمک اور کالی مرچ لگا کر کھایا جائے۔

(۶) گرمی اور سوزش کو دور کرتی ہے۔

(۷) ککڑی کھا کر پانی نہیں پینا چاہیئے ورنہ ہیضہ کا خدشہ ہو جاتا ہے۔

(۸) یہ اپھار پیدا کرتی ہے۔

(۹) دیر ہضم ہوتی ہے۔

(۱۰) کولہوں اور کمر کے درد کے لئے انتہائی مفید ہے۔

(۱۱) پرانے بخاروں کو ختم کرتی ہے۔

(۱۲) ککڑی کے بیج ایک تولہ رگڑ کر روزانہ مسلسل پانچ روز تک پینے سے رگوں کو مواد سے پاک کرتے ہیں۔

(۱۳) سوزاک کو دور کرنے کے لئے تخم خیارین چھ ماشے، تخم خربوزہ چھ ماشے، تخم کاسنی چھ ماشے رگڑ کر پلانا انتہائی مفید اور مجرب ہے۔

(۱۴) اس کے زیادہ استعمال سے ریاح اور قولنج پیدا ہوتے ہیں۔

(۱۵) حضور صلی اللہ علیہ وسلم کو ککڑی سے خاص رغبت تھی۔ حضرت عبد اللہ بن جعفر رضی اللہ عنہ سے روایت ہے کہ حضور صلی اللہ علیہ وسلم پکی ہوئی کھجوریں (رطب) اور ککڑی (قثاء) ایک ساتھ تناول فرماتے تھے۔

(۱۶) پیشاب آور ہونے کے ناطے دل کی جملہ امراض میں ککڑی کا استعمال انتہائی مفید ہوتا ہے۔

(۱۷) ککڑی کو خوب چبا کر کھانا چاہیے تاکہ وہ جلدی ہضم ہو جائے۔

(۱۸) ککڑی کے پتے باؤلے کتے کے کاٹے کو پلانا بے حد مفید ہوتا ہے۔

(۱۹) صفراوی دستوں میں ککڑی کے پتوں کو پانی میں رگڑ کر پلانا مفید ہوتا ہے۔

(۲۰) ککڑی بلغم دور کرتی ہے۔

(۲۱) ککڑی بدن کو موٹا کرتی ہے۔

(۲۲) سرد مزاج والوں کو ککڑی کھانے میں احتیاط سے کام لینا چاہیئے کیونکہ ان کے لئے نقصان دہ ہوتی ہے۔ انہیں چاہیئے کہ وہ نمک، اجوائن کالی مرچ اور سونف کے ہمراہ کھائیں۔

٭ ٭ ٭

لیموں سے پچاس بیماریوں کا آزمودہ علاج

علی

عربی لیبک/لیبو

فارسی لیبک/لیبو

سندھی لیمو

انگریزیLemon

اس کا رنگ زرد اور کچے لیموں کا رنگ سبز ہوتا ہے۔ اس کا ذائقہ ترش ہوتا ہے۔ اس میں سٹرک ایسڈ پایا جاتا ہے۔ اس کی کئی اقسام ہیں۔ سب سے اعلیٰ قسم کاغذی لیموں کی ہے جس کا چھلکا کاغذ کی طرح پتلا ہوتا ہے۔ اس کا مزاج سرد دوسرے درجے اور تر پہلے درجے ہوتا ہے۔ اس کی مقدار خوراک چھ ماشہ لیموں کا رس ہے جبکہ روغن لیموں کی مقدار ایک سے تین قطرے تک ہے۔ لیموں کے بے شمار فوائد ہیں

لیموں کے فوائد

(۱) وٹامن بی اور سی اور نمکیات کی بہترین ماخذ ہے اس میں وٹامن اے معمولی مقدار میں پایا جاتا ہے۔

(۲) اس کا گودا اور رس دونوں مفید ہوتے ہیں۔

(۳) یہ مفرح اور سردی پہنچاتا ہے۔

(۴) دافع صفراہوتا ہے۔

(۵) بھوک لگاتا ہے اور پیاس کو تسکین دیتا ہے۔

(۶) متلی اور صفراوی قے کو بے حد مفید ہے۔

(۷) تازہ لیموں کی سکنجبین بنا کر بخار میں پلانے سے افاقہ ہوتا ہے۔

(۸) ملیریا بخار کی صورت لیموں کو نمک اور مرچ سیاہ لگا کر چوسنا بخار کی شدت کو کم کرتا ہے۔

(۹) ہیضہ میں لیموں کا رس ایک تولہ، کافور ایک رتی، پیاز کا رس ایک تولہ ملا کر دن میں تین یا چار دفعہ استعمال کرنے سے صحت ہوتی ہے (یہ ایک خوراک ہے)

(۱۰) خون کے جوش کو ٹھیک کرتا ہے۔

(۱۱) معدہ اور جگر کو قوت دیتا ہے اور خاص طور پر جگر کے گرم مواد کا جاذب ہے۔

(۱۲) لیموں کو کاٹ کر اگر چہرے پر ملا جائے تو چھائیاں اور کیل مہاسے ٹھیک ہو جاتے ہیں۔

(۱۳) یرقان میں لیموں کے رس کا استعمال بے حد مفید ہے سکنجبین بنا کر دن میں تین بار استعمال کریں۔

(۱۴) لیموں کے بیج اگر بریاں کر کے کھائے جائیں تو قے اور دستوں کو فوری بند کرتے ہیں۔ لیکن بیجوں کو ہمیشہ چھیل کر استعمال کرنا چاہیے۔ بچوں کی قے اور دستوں میں بھی بے حد مفید ہے۔ اس کی خوراک دو سے تین دانوں کا سفوف ہے۔

(۱۵) کیڑے مکوڑوں کے زہر کے اثر کو لیموں کا رس پلانے اور کاٹی گئی جگہ پر لگانا بے حد مفید ہوتا ہے اس سے زہر کا اثر دور ہو جاتا ہے۔

(۱۶) لیموں کا سونگھنا نزلہ کو بند کرتا ہے۔

(۱۷) اگر لیموں کے رس کو چاکسو میں حل کر کے جست کے برتن میں رگڑ کر آنکھوں میں لگایا جائے تو آشوب چشم کے لیے بے حد مفید ہے۔

(۱۸) بینائی کی کمزوری، آنکھوں کی سرخی اور دھند وغیرہ کو دور کرنے کے لیے آب لیموں آدھ پاؤ کانسی کے برتن میں بانس کی لکڑی سے روزانہ چار گھنٹے تک رگڑتے رہیں۔ آٹھویں دن سرمہ کی مانند خشک ہو جائے گا۔ اگر تھوڑی بہت نمی رہ جائے گی تو پھر کم دھوپ میں خشک کر کے بطور سرمہ استعمال کریں۔ بہت مفید ہے۔

(۱۹) تازہ لیموں کے چھلکوں سے روغن لیموں تیار کیا جاتا ہے۔ جو کہ پیٹ کی گیس میں بے حد مفید ہے۔

(۲۰) بیرونی ممالک میں لیموں کے چھلکوں سے مربہ بناتے ہیں۔ جس کو مالمیڈ کہتے ہیں۔ جو بچوں کی پسندیدہ چیز ہے۔

(۲۱) لیموں کا اچار بڑھی ہوئی تلی کے لیے مفید ہوتا ہے۔

(۲۲) چاولوں کو ابالتے وقت اگر ایک چمچہ لیموں کا رس اس میں نچوڑ دیا جائے تو چاول خوش رنگ اور خوشبو دار بنتے ہیں۔

(۲۳) روسٹ اشیاء پر اگر لیموں نچوڑ کر کھایا جائے تو کھانے کا ذائقہ اچھا ہو جاتا ہے اور کھانا بھی جلدی ہضم ہو جاتا ہے۔

(۲۴) مچھلی کی بو دور کرنے کے لیے اس پر لیموں مل کر رکھنا چاہیے اس سے مچھلی خوش ذائقہ بھی پکتی ہے۔

(۲۵) لیموں کے چھلکوں سے دانت صاف کرنے سے کبھی دانت درد کی شکایت نہیں ہوتی۔

(۲۶) اگر نکسیر کثرت سے ہوتی ہو تو جس وقت نکسیر ہو رہی ہو تو فوراً لیموں کے چند قطرے دونوں نتھنوں میں لٹا کر ڈالنے سے فوراً بند ہو جاتی ہے اور پھر دوبارہ کبھی نکسیر نہیں ہوتی۔

(۲۷) وزن کم کرنے کے لیے لیموں کا رس دو چمچے، شہد دو چمچے ایک گلاس پانی میں ملا کر صبح نہار منہ پینا بہت مفید ہے۔ دو ہفتے کے مسلسل استعمال سے وزن میں خاصی تبدیلی آجاتی ہے۔ اگر سردی کا موسم ہو تو نیم گرم پانی میں شہد اور لیموں حل کر کے پئیں۔

(۲۸) سر دھونے کے بعد اگر لیموں کا رس ملا کر پانی دوبارہ بالوں میں لگایا جائے اور تولیے سے خشک کر لیا جائے تو بالوں میں چمک آجاتی ہے۔

(۲۹) سلاد والی سبزیاں مثلاً پودینہ وغیرہ اگر مرجھا جائیں تو لیموں کا رس ملا پانی ان پر چھڑکنے سے دوبارہ تازہ ہو جاتی ہے۔

(۳۰) لیموں مصفی خون ہے۔

(۳۱) سوزش اور پیشاب کی تکلیف کو فائدہ دیتا ہے۔

(۳۲) داد کی جلدی بیماری پر اگر لیموں کا رس دس گرام، تلسی کے پتوں کا رس دس گرام ملا کر لگانے سے ایک ہفتہ کے اندر داد جڑ سے غائب ہو جاتی ہے۔

(۳۳) اگر کان بہتے ہوں تو ایک چٹکی سہاگہ کا سفوف کان میں ڈال کر پھر دو قطرے لیموں کے رس کے ڈالے جائیں تو کان بہنا بند ہو جائیں گے۔

(۳۴) لیموں کا رس ایک چھٹانک معہ ہم وزن پانی ملا کر دن میں تین دفعہ غرارے کرنے سے منہ کی بدبو فوری طور پر ختم ہو جاتی ہے اگر کسی وجہ سے منہ کی بدبو دور نہ ہو تو پھر فوری طور پر دانتوں کے ڈاکٹر سے رجوع کرنا چاہیے اور دانتوں کی مکمل صفائی کروانی چاہیے۔

(۳۵) خارش خشک و تر کی صورت میں لیموں کا رس پانچ گرام، عرق گلاب دس گرام اور چنبیلی کا تیل پندرہ گرام، تینوں ملا کر خارش والی جگہ پر لگانے سے چند روز میں افاقہ ہو جائے گا۔

(۳۶) درد گردہ میں لیموں کا رس دس گرام، سہاگہ ایک گرام، شورہ قلمی ایک گرام اور نوشادر ایک گرام، تینوں کو لیموں کے رس میں حل کر کے درد کے وقت استعمال کرنے سے فائدہ ہوتا ہے۔

(۳۷) آگر آنکھ کا درد ہو تو نصف لیموں پر سندھور چھڑک کر اس طرف کے پیر کے انگوٹھے پر باندھنا ایک روز میں درد کو ختم کر دیتا ہے۔

(۳۸) لیموں جراثیم کا خاتمہ کرتا ہے اگر بواسیری مسوں پر لگایا جائے تو وہ جلدی ٹھیک ہو جاتے ہیں اور پھوڑے پھنسیوں پر لگانے سے زخم جلدی مندمل ہو جاتے ہیں۔

(۳۹) لیموں کا رس بیسن میں ملا کر چہرے پر لگانے سے داغ، دھبے دور ہو جاتے ہیں۔

(۴۰) لیموں کا رس بیرونی طور پر جلد کو نرم اور حسین بناتا ہے۔

(۴۱) بعض دفعہ لیموں کے رس کو شہد میں ملا کر چٹانے سے کھانسی ٹھیک ہو جاتی ہے۔

(۴۲) لیموں کا تازہ رس سر سے لے کر پاؤں تک پوری جسمانی مشینری کو اوور ہال کرتا ہے اور اس کا اعتدال کے ساتھ استعمال صحت و مسرت کا ضامن ہے۔

(۴۳) اگر دانتوں سے خون آتا ہو تو ایک عدد لیموں کا رس، ایک گلاس نیم گرم پانی اور شہد دو بڑے چمچے ملا کر روزانہ غرارے کرنے سے یہ بیماری دور ہو جاتی ہے اس کو پائیوریا کی بیماری بھی کہتے ہیں۔

(۴۴) گردے اور مثانے کی چھوٹی موٹی پتھری کو لیموں کی سکنجبین نکال دیتی ہے۔

(۴۵) پیٹ ہلکا اور نرم کرتا ہے اور قبض کشا بھی ہوتا ہے۔

(۴۶) بعض لوگوں کا خیال ہے کہ لیموں تیزابیت پیدا کرتا ہے لیکن یہ درست نہیں ہے بلکہ تیزابی مادوں کو خارج کرتا ہے، البتہ بہت زیادہ استعمال مناسب نہیں۔

(۴۷) سکروی کی مرض (یہ مرض خون کی خرابی سے پیدا ہوتا ہے) اس مرض میں مسوڑھے سوج جاتے ہیں، جسم پر سیاہ داغ پڑ جاتے ہیں اور جسم میں مسلسل درد رہتا ہے، لیموں کے مسلسل استعمال سے شفا ہوتی ہے۔

(۴۸) لیموں میں فاسفورس، فولاد، پوٹاشیم اور کیلشیم کی وافر مقدار ہوتی ہے جو انسانی صحت کے لیے ضروری ہے۔

نوٹ: لیکن ان تمام تر خوبیوں کے باوجود زیادہ مقدار میں لیموں کا استعمال نقصان دہ ہے، لیموں کا تیز محلول دانتوں کے لیے مضر ہے اور لیموں کی زیادہ ترشی پٹھوں میں درد کا باعث ہو سکتی ہے، لہذا اس کا مناسب حد تک یعنی اس کو مقررہ مقدار تک کھانا ہی مفید ہے۔

٭ ٭ ٭

پودینہ قدرت کا انمول تحفہ
راحت نسیم سوہدروی

کھانوں کو خوش ذائقہ اور خوشبو دار بنانے کے لئے استعمال ہوتا ہے۔ پودینہ کی چائے، دوائی کے لحاظ سے بہت مفید ہے۔ اس کا استعمال بد ہضمی، کھانسی، زکام میں کیا جاتا ہے، دن بھر کی تھکن ختم کر دیتی ہے، گیس کی شکایت ختم اور آنتوں کو صاف کرتی ہے، بہت لذیذ اور خوشبودار ہوتی ہے۔

پودینہ جسے ہمارے ہاں عام طور پر کھانوں کو خوش ذائقہ اور خوشبو دار بنانے کے لئے استعمال کیا جاتا ہے اور پودینہ کی چٹنی کو بطور ہاضم و لذت موسم گرما میں متوسط و غریب گھرانوں میں بطور سالن استعمال کیا جاتا ہے۔ اس بارے میں بہت کم لوگ جانتے ہیں کہ پودینہ قدرت کی عطا کردہ بہت سی خصوصیات سے مالا مال ہے۔

افعال و خواص

اطباء نے پودینہ پر بہت تحقیقات کی ہیں اور اس کے درج ذیل غذائی و دوائی فوائد کی نشاندہی کی ہے۔ پودینہ نظام ہضم سے متعلقہ امراض میں مفید ہے۔ غذا کو ہضم کرتا ہے اور ریاح کو خارج کرتا ہے۔ بھوک لگاتا ہے۔ پیٹ پھولنا، درد ہونا، کھٹی ڈکاریں آنا، جی متلانا اور قے ہونا میں فائدہ مند ہے۔ پودینہ الرجی (زود حساسیت) میں بہت موثر تدبیر ہے، پتی اچھلنا (چھپاکی) الرجی کی ایک قسم ہے جس میں جسم میں کسی جگہ یا کئی جگہ خارش

ہوتی ہے پھر سرخ دھبے (دھپڑ) بن جاتے ہیں جو تھوڑی دیر بعد ٹھیک ہو جاتے ہیں۔ اس تکلیف میں پودینہ سبز دس پتے ایک کپ پانی میں جوش دے کر چھان کر روزانہ رات سونے سے قبل، بیس یوم تک استعمال کرنے سے فائدہ ہوتا ہے۔ پودینہ خون سے فاسد مواد کو خارج کرتا ہے۔ یہی وجہ ہے کہ یرقان میں بھی استعمال کرایا جاتا ہے۔ جن لوگوں کو جی متلانے یا قے آنے کی شکایت و جگر کا فعل سست ہو اور اس سبب بھوک اچھی طرح نہ لگتی ہو، رنگت زرد رہتی ہو یا ان عوامل کے سبب خون کا دباؤ (بلند فشار خون) بڑھ جاتا ہو۔ ان کے لئے یہ جوشاندہ بہت مفید ثابت ہوا ہے۔ یہ نسخہ محترم شہید پاکستان حکیم محمد سعید کا معمول مطب بھی تھا۔

ہو الشافی: ریان (سونف) چھ گرام، پودینہ خشک چھ گرام، مویز منقی نو گرام، آلو بخارا خشک پانچ دانہ، آدھے گلاس پانی میں ڈال کر جوش دے کر چھان کر صبح نہار منہ پی لیا جائے۔ اگر موسم گرما ہو تو یہ نسخہ رات کو پانی میں بھگو دیں صبح مل چھان کر نوش جاں کریں۔ یہ عمل بیس یوم تک کافی رہے گا۔

اسہال (دست آنا) اور ہیضہ میں پودینہ کے پتوں کو نمک لگا کر کھانا یا اس کی چٹنی کا استعمال مفید ہے اور اس کا جوشاندہ بھی اچھی تدبیر ثابت ہوا ہے۔ پودینہ سبز ٦٠ گرام یا پودینہ خشک ١٠ گرام، دار چینی ٣ گرام، الائچی کلاں ٣ گرام ایک کپ پانی میں جوش دے کر چھان کر پی لیا جائے۔

پودینہ میں تریاقی خصوصیات بھی پائی جاتی ہیں۔ خصوصاً بچھو، بھڑ، چوہے وغیرہ کے کاٹنے پر پودینہ پیس کر لیپ کیا جا سکتا ہے۔ جو خواتین ماہانہ ایام کی کمی کے عارضہ میں مبتلا ہوں وہ پودینہ کی چائے استعمال کریں۔ پودینہ بلغم کو پتلا کرتا ہے اور مسکن ہے۔ پودینہ سے طب کے کئی مرکبات تیار کئے جاتے ہیں جن میں جوارش پودینہ، قرص پودینہ،

جوارش اناریں اور عرق پودینہ شامل ہیں۔ یہ مرکبات اور ادویہ معدہ کی خرابی کے امراض میں بہت موثر ہیں۔

پودینہ کی چائے

پودینے کی چائے دوائی کے لحاظ سے بہت مفید ہے۔ اس کا استعمال بد ہضمی، کھانسی، زکام میں کیا جاتا ہے۔ دن بھر کی تھکن ختم کر دیتی ہے۔ گیس کی شکایت ختم اور آنتوں کو صاف کرتی ہے۔ بہت لذیذ اور خوشبو دار ہوتی ہے۔ نظام ہضم کی اصلاح کرتی ہے۔ متلی کی صورت میں تھوڑا سا لیموں کا رس ملا لیں۔ پودینہ کی چائے سانس کی نالی کی سوجن، برونکائٹس، درد سر اور کھانسی زکام میں مفید ہے۔ ایک کپ چائے دن بھر کی تھکن ختم کر دیتی ہے، آنتوں کو صاف کرتی ہے جس سے سانس میں ناگوار بو کی شکایت ختم ہو جاتی ہے۔

جی متلانا یا قے آنا

جن لوگوں کو جی متلانے یا قے آنے کی شکایت ہو جائے وہ پودینہ دس پتے اور چھوٹی الائچی دو عدد کے ساتھ پانی میں جوش دے کر چھان کر پی لیں، شکایت جاتی رہے گی (انشاء اللہ) روغنی اور دیر ہضم ثقیل اشیاء کے استعمال کے بعد ٹھنڈی بوتلوں کی جگہ پودینہ اور لیموں کی چائے مفید ہے۔

بد ہضمی

بد ہضمی، اپھارہ، ریاحوں کی صورت میں پودینہ کا رس پانی میں ملا کر پینے سے فائدہ ہوتا ہے۔

پتھری گردہ و مثانہ

بتھوے کی سبزی میں پودینہ ڈال کر کھانے سے پتھری کا مرض ختم ہو جاتا ہے۔ ایسا

ایک ماہ تک کریں یا فائدہ ہونے تک۔

پودینہ کا شربت

پودینہ کی بڑی گڈی دھولیں۔ اس کے بعد ایک کپ شکر اور پانچ عدد لیموں کا رس نچوڑ لیں اور اس آمیزے کو دو گھنٹہ تک اسی طرح رکھا رہنے دیں پھر جگ میں بھر لیں اور برف ڈال کر اس میں ادرک کا سرکہ ۲۰ گرام اور پودینہ کی چند پتیاں ڈال کر پیس لیں یہ نہایت خوش ذائقہ شربت ہو گا جو دل و دماغ کے لئے مفید ہے۔

گیس ریاح

بو علی سینا نے پودینہ کا کھانا اور چبانا ریاح و گیس کے لئے مفید قرار دیا ہے۔

ایک حکایت

پودینہ کے متعلق درج ذیل حکایت سے اس کی تاریخی حیثیت واضح ہوتی ہے نیز یہ کہ قدیم حکماء بھی اس سے اچھی طرح آگاہ تھے۔ قدیم یونانیوں کا عقیدہ تھا کہ نتھا ایک یونانی دوشیزہ کا نام تھا جس کا حسن و جمال قابل رشک تھا وہ یونانی دولت کے دیوتا (پلوٹو) کی محبوبہ تھی اور اسے پلوٹو کی اہلیہ پروسہ پائن (ہندو عقائد کے مطابق دولت کی دیوی) نے حسد اور رشک کی بناء پر ایک نبات میں بدل دیا تھا اور اسی نبات کو لاطینی میں نتھا جبکہ اردو میں پودینہ کہتے ہیں۔ یونانی اطباء میں سے حکیم ساؤفرطس نے بھی اس کا ذکر کیا ہے۔ اہل چین و جاپان بھی دو ہزار سال سے پودینہ کے خواص سے واقف ہیں۔ ماہرین طب نے جو تحقیقات کی ہیں اس کے مطابق یہ ایک اہم نبات ہے جو دوائی کے اعتبار سے استعمال ہوتی ہے اور بہت زیادہ استعمال ہوتی ہے۔ مگر ہمارے ہاں کثیر مقدار میں غذائی استعمال ہے اور اس کا سالن و سلاد خوشبودار اور ہاضم چٹنی کے طور پر موسم گرما کی دوپہروں میں عام طور پر کیا جاتا ہے۔

محافظ حسن

پودینہ حسن کا محافظ بھی ہے۔ چہرے کے داغ دھبے، کیل مہاسوں سے نجات کے لئے تازہ پودینہ خالص سلاد کے ساتھ پیس کر متاثرہ مقامات پر لیپ کیا جاتا ہے۔ چند دنوں میں داغ دھبے، کیل مہاسے صاف ہو کر جلد کا رنگ نکھار دیتے ہیں۔ اتنی خصوصیات کا حامل عطیہ خداوندی پودینہ دعوت دیتا ہے کہ اس کے غذائی اور دوائی فوائد حاصل کریں۔

* * *

بینگن کے کرشماتی فائدے

بینگن ایک ایسی سبزی ہے جس میں کیلوری کی تعداد بہت کم ہوتی ہے اور اِس سبزی میں قُدرتی طور پر فائبر، وٹامنز اور معدنیات کی تعداد کثرت سے پائی جاتی ہے۔

بینگن دیگر غذائی اجزاء اور اینٹی آکسیڈینٹ کی خصوصیات سے بھی مالامال ہوتا ہے، عام طور پر بینگن کی دو اقسام ہوتی ہیں، جن میں ایک قسم کے بینگن لمبے اور پتلے ہوتے ہیں جبکہ دوسری قسم کے چھوٹے اور گول ہوتے ہیں۔

بینگن ایک ایسی سبزی ہے جس میں بہت سی بیماریوں سے لڑنے کی خصوصیات موجود ہیں، یہ کینسر جیسے جان لیوا مرض سے بچاؤ کے ساتھ ساتھ دیگر بیماریوں سے بھی محفوظ رکھتا ہے۔

کولیسٹرول کے خاتمے میں مفید:

بینگن میں وافر مقدار میں فائبر موجود ہوتا ہے جو ہمارے کولیسٹرول کی سطح کو برقرار رکھنے میں مدد کرتا ہے، ایک تحقیق کے مطابق معلوم ہوا ہے کہ بینگن میں موجود اینٹی آکسیڈینٹ اور کلورجینک ایسڈ ہمارے کولیسٹرل کی سطح کو کم کرنے میں مدد کرتا ہے اور اِس کے علاوہ جگر کے مرض کے خطرے کو بھی کم کرتا ہے۔ اگر آپ کو کولیسٹرول کی بیماری ہے تو اِس کے لیے ضروری ہے آپ اپنی غذا میں بینگن کا زیادہ سے زیادہ استعمال کریں۔

امراض قلب کے مریضوں کے لیے مفید:

بینگن امراضِ قلب سے بچنے کے لیے بھی بہت مفید ہوتا ہے، بینگن میں پائے جانے والے فائبر، وٹامن سی، وٹامن بی، پوٹاشیم اور دیگر اینٹی آکسیڈینٹ دِل کی بیماریوں کے خطرے سے بچنے کی صلاحیت رکھتے ہیں۔ ایک تحقیق کے مطابق بینگن دِل کے فعال کو بہتر بناتا ہے اور اِس کے علاوہ کولیسٹرول کی بڑھتی ہوئی سطح کو بھی کم کرتا ہے، لہٰذا اگر آپ دِل کی بیماریوں سے محفوظ رہنا چاہتے ہیں تو آپ اپنی غذا میں بینگن کو لازمی شامل کر لیں۔

شوگر کنٹرول کرتا ہے:

بینگن میں فائبر اور پولیفینول کافی تعداد میں پائے جاتے ہیں اور یہ دونوں بلڈ شوگر کی سطح کو کم کرنے میں مددگار ثابت ہوتے ہیں، بینگن کو شوگر کے مریضوں کے لیے ایک صحت مند غذا سمجھا جاتا ہے لہٰذا اگر آپ شوگر کے مریض ہیں تو آپ اپنی غذا میں بینگن کا استعمال ضرور کریں لیکن ایک بار اپنے ڈاکٹر سے ضرور مشورہ کر لیں۔

اینٹی کینسر:

بینگن میں کینسر سے بچاؤ کی خصوصیات بھی موجود ہوتی ہیں، بینگن ہمارے جسم کو کینسر جیسے جان لیوا مرض سے بچاتا ہے اور اگر کسی کو کینسر کا مرض ایک بار لاحق ہو گیا ہے تو یہ سبزی اُس مرض کی دوبارہ نشو نما بھی روکتی ہے۔

مختصراً یہ کہ بینگن ایک صحت بخش سبزی ہے، ہمیں اپنی غذاء میں اس کا باقائدگی سے استعمال کرنا چاہیے تا کہ اِس کے کرشماتی فوائد سے مستفید ہوا جا سکے۔

***

میتھی قدرت کا بہترین تحفہ

سارہ اسماعیل

میتھرے یا میتھی دانے ہمارے کچن میں روزمرہ استعمال ہونے والا قدرت کا ایک بہترین تحفہ ہے جو دوائی کے طور پر ہزاروں سال سے استعمال ہو رہا ہے۔ کئی وٹامنز اور منرلز پر مشتمل اس کم قیمت لیکن بے بہا فوائد رکھنے والی چیز کا اصل وطن افریقہ ہے، لیکن اب یہ ساری دنیا میں کاشت کی جاتی ہے۔ قدیم یونان میں گھوڑے جب بیمار ہوتے اور کسی خوراک کو منہ نہ لگاتے تو یہ اس کے پتے کھانے کے بعد تندرست ہونے لگتے تھے۔ اطباء کہتے ہیں کہ اگر اس کی افادیت کا لوگوں کو پتہ چل جائے تو شاید ہی کوئی گھر ہو جس میں میتھی دانہ موجود نہ ہو۔

نزلہ و زکام کے لیے

نزلہ زکام، سینے کی تکلیف اور بلغم بننے کی بیماری میں اس کا استعمال از حد مفید ہے۔ صبح و شام دو چائے کے چمچ ایک کپ پانی میں جوش دے کر شہد سے میٹھا کر کے پی لیں۔ مسلسل استعمال سے دائمی نزلہ بھی ختم ہو جاتا ہے۔ چھوٹے بچوں کو استعمال کرانے سے سارا بلغم نکل جاتا ہے۔

بالوں کی خوبصورتی کے لیے

لمبے، گھنے بال ہر عورت کی خواہش ہوتی ہے، اس مقصد کے حصول کے لیے

(ایلوویرا) کو درمیان سے اس طرح کاٹیں کہ دونوں سرے جڑے رہیں۔ اس گھیکوار میں میتھرے بھر کر دھاگے سے باندھ کر ہفتہ، دس دن فریج میں رکھ دیں، اس کے بعد میتھرے گھیکوار سے نکال کر کڑوے تیل میں جلالیں۔ یہ تیل انشاء اللہ مفید رہے گا۔ اس کے علاوہ آزمودہ اور آسان طریقہ یہ بھی ہے کہ جو بھی تیل آپ بالوں کے لیے استعمال کرتی ہیں، اس میں میتھرے ڈال کر دھوپ میں رکھ دیں اور پندرہ دن بعد وہ تیل استعمال کرنا شروع کریں، بالوں کو سیٹ کرنا ہو تو اس مقصد کے لیے میتھرے کا ابلا ہوا پانی لگا کر رول کرنے سے بالوں میں گھنگھریالا پن آجاتا ہے اور بال سیاہ چمکدار، گھنے اور لمبے ہو جاتے ہیں۔

کھانے میں اس کا استعمال

اس کو اچار میں استعمال کریں یا پیس کر آٹے میں شامل کر کے روٹی بنالیں یا سبزیوں اور دالوں میں ملائیں۔ غرض ہر ڈش میں اس کی خوشبو بہت اچھی لگتی ہے۔ کڑھائی گوشت یا ٹماٹر گوشت میں میتھرے اور ثابت دھنیا ایک ایک چمچ بھون کر پیس کر ڈالیں (جب کہ ہنڈیا تیار ہو چکی ہو) اور ایک نئے لذیذ ذائقہ کا لطف اٹھائیں۔ مصالحہ والی بریانی میں بھی چند دانے پیس کر ڈال کر دیکھیں اور اچار گوشت تو اس کے بغیر بنتا ہی نہیں۔

سوجن اور بادی کے لیے

جن لوگوں کو بادی کا مرض ہو یعنی کھانے کے بعد انکے ہاتھ، پاؤں سن ہونے لگتے ہوں یا مسوڑھے پھول جاتے ہوں۔ ان کو عمومی طور پر اس کا استعمال رکھنا چاہئے یعنی چاول، دہی، خمیری روٹی، آلو وغیرہ نقصان دیتے ہیں تو کچے یا پکے میتھرے ضرور استعمال کریں۔ عورتوں میں سن یاس کے بعد پائے جانے والا ڈپریشن اور پسینے کی زیادتی کے لیے بھی مفید ہے۔ اس کے لیے یا تو اس کا پانی ابال کر پی لیں یا چاول بناتے وقت اس کی پوٹلی

ابلتے ہوئے چاولوں میں ڈال دیں۔ ماہرین کے مطابق ذیابیطس کے مریض اگر ۲۵ گرام میتھی دانہ اپنی روزانہ کی خوراک میں شامل کر لیں تو اس سے شوگر لیول اور کولیسٹرول اعتدال پر آ جاتا ہے۔

٭ ٭ ٭

کدو صحت و قوت کا خزانہ
اُم احمد

اس کے پانی کی کلیاں کرنے سے مسوڑھوں کا ورم جاتا رہتا ہے، جگر کی گرمی اور صفرا کو دور کرتا ہے، پیشاب آور ہے، کدو کا بھرتہ کر کے اس کا پانی نکال کر آنکھ میں ڈالنے سے یرقان کی زردی جاتی رہتی ہے۔ کدو کا چھلکا پیس کر کھانے سے آنتوں اور بواسیر سے آنے والا خون بند ہو جاتا ہے۔

کدو ایک عام سبزی ہے جو کہ دنیا بھر میں کاشت کیا جاتا ہے۔ قرآن پاک میں اسے یقطین کے نام سے پکارا گیا ہے۔ کدو نبی کریم صلی اللہ علیہ وسلم کی پسندیدہ اور مرغوب غذا تھی۔ کدو کا ذکر متعدد احادیث میں آیا ہے۔

حضرت انس بن مالک رضی اللہ عنہ بیان کرتے ہیں "نبی اکرم صلی اللہ علیہ وسلم کدو سے محبت کرتے تھے۔ (ابن ماجہ)

ہشام بن عروہ اپنے والد سے روایت کرتے ہیں کہ انہوں نے حضرت عائشہ رضی اللہ عنہ سے کدو کے بارے میں پوچھا تو انہوں نے فرمایا۔ "مجھے مخاطب کرتے ہوئے رسول پاک صلی اللہ علیہ وسلم نے فرمایا اے عائشہ رضی اللہ عنہ! جب خشک گوشت پکاؤ تو اس میں کدو ڈال کر اضافہ کر لیا کرو کیونکہ یہ غمگین دل کو مضبوط کرتا ہے۔"
(الغیلانیات)

حضرت عطاء بن ابی رباح رضی اللہ عنہ روایت کرتے ہیں کہ رسول پاک صلی اللہ علیہ وسلم نے فرمایا "تمہارے لیے کدو موجود ہے وہ عقل کو بڑھاتا اور دماغ کو طاقت دیتا ہے۔" (ابن حبان)

حضرت واثلہ رضی اللہ عنہ روایت کرتے ہیں نبی کریم صلی اللہ علیہ وسلم نے فرمایا "تمہارے لیے کدو موجود ہے، یہ دماغ کو بڑھاتا ہے مزید تمہارے لیے مسور کی دال ہے جسے کم از کم ستر پیغمبروں کی زبان پر لگنے کا شرف حاصل ہے۔ (طبرانی)

کدو ایک ہلکی غذا ہے جو خود جلد ہضم ہوتا ہے اور اس دوران کسی قسم کی مشکل پیدا نہیں کرتا بلکہ دوسری غذاؤں کو ہضم کرنے میں مددگار ثابت ہوتا ہے۔ بخار کے مریضوں کے لئے بے حد مفید ہے۔

ایک روایت میں ہے کہ کدو بخار کے مریضوں کو آرام وسکون دیتا ہے، بخار توڑنے کے لئے کدو کو کھلانے اور اس کو کاٹ کر جسم پر پھیرنے سے زیادہ کوئی دوائی افضل نہیں۔ اگر تنور میں رکھ کر گرم کر لیا جائے تو اس سے پانی خوب نکلتا ہے یہ پانی شدید بخار کی حدت کو کم کرتا ہے، پیاس بجھاتا ہے اور عمدہ غذا ہے اس پانی میں سرکہ فروٹ خالص یا سنگترے کا رس ملائیں تو جسم کے تمام صفراوی مادے نکال دیتا ہے۔

کدو کو پکا کر اس کا پانی شہد میں ملا کر دینے سے جمی ہوئی بلغم نکل جاتی ہے۔ بطور سبزی پکا کر کھایا جائے تو جسم کو عمدہ غذائیت اور توانائی مہیا کرتا ہے۔

اطباء قدیم مختلف بیماریوں کے علاج میں کدو کو خوب استعمال کرتے تھے۔ کدو کو شکر کے ساتھ پکا کر دینے سے خفقان اور جنون میں فائدہ ہوتا ہے۔ اس کے پانی کی کلیاں کرنے سے مسوڑھوں کا ورم، جگر کی گرمی اور صفرا جیسی بیماریاں دور ہو جاتی ہیں، پیشاب آور ہے، پیٹ کو نرم کرتا ہے، کدو کا بھرتہ کر کے اس کا پانی نکال کر آنکھ میں ڈالنے سے

یرقان کی زردی جاتی رہتی ہے۔

کدو کا چھلکا پیس کر کھانے سے آنتوں اور بواسیر سے آنے والا خون بند ہو جاتا ہے۔ جگر کی سوزش میں کدو کا مربہ بے حد مفید ہے، کدو کے بیج خون نکلنے کو روکتے ہیں، جسم کو فربہ کرتے ہیں، کدو کے بیج ٹھنڈے ہوتے ہیں اور سر درد کو دور کرتے ہیں، کدو کا تیل سر میں ملنے سے نیند اچھی آتی ہے۔

برصغیر میں کدو کے بیج پیٹ کے کیڑے مارنے میں بڑی شہرت رکھتے ہیں۔ طریقہ استعمال یہ ہے کہ ایک چمچہ مغز کدو کو چینی کے ساتھ سوتے وقت دیکر صبح کسٹر آئل پلا دیتے ہیں۔ مغز کدو کے دو بڑے چمچ شہد کے ساتھ دینے سے پیشاب کی جلن ٹھیک ہو جاتی ہے۔ کدو کا گودا خشک کر کے اس کا جوشاندہ بواسیر اور پھیپھڑوں سے آنے والے خون کی بہترین دوائی ہے۔ کدو کے پتوں کا جوشاندہ قبض کا آسان اور محفوظ علاج ہے۔

کدو کو سرکہ میں کھرل کر کے پیروں پر لگانے اور اسی محلول کو کھانے سے پیروں کی جلن ٹھیک ہو جاتی ہے۔ حکومت ممبئ کے محکمہ زراعت نے اسے گردوں سے پتھری نکالنے والا، پیٹ کے کیڑے نکالنے والا اور مدالبول قرار دیا ہے۔

ہم نے کدو کے چھلکے پیس کر روغن زیتون اور مہندی کے پتوں کے ہمراہ کھرل کرنے کے بعد ہلکی آنچ پر ۵ منٹ پکانے کے بعد ایسے مریضوں پر آزمایا جن کی بواسیر کا خون بند نہیں ہوتا تھا۔ اس کے ساتھ ہی کدو پیس کر شہد ملا کر دن میں تین مرتبہ کھلایا گیا، خون آنا دو دن میں بند ہو گیا۔ ایک مریض کے پھیپھڑے ٹھیک ہونے کے باوجود تھوک میں خون آتا تھا، کدو کھلانے سے ٹھیک ہو گیا۔

ہمارے تجربات میں کدو پیٹ کی تیزابیت میں بھی اکسیر پایا گیا۔ مریض کو کم خرچ کے ساتھ کئی دن کدو کا سالن کھلایا گیا، آنتوں کی جلن ٹھیک ہو گئی۔ اکثر مریضوں میں

مرض کی شدت میں پہلے روز سے ہی کمی آگئی۔

کدو کی ڈنڈی کا وہ حصہ جو پھل کے ساتھ ہوتا ہے اسے کاٹ کر سکھا لیا جائے اگر کسی کو زہریلا کیڑا کاٹ لے تو اس کو یہ شہد میں ملا کر بار بار چٹایا جائے اور لگایا جائے تو وہ ٹھیک ہو جاتا ہے۔

٭ ٭ ٭

ٹماٹر سستی سبزی، انمول فوائد

محمد آصف

یہ ایک مشہور سبزی ہے جو دنیا کے ہر ملک میں پائی جاتی ہے۔ ٹماٹر کی دو قسمیں ہوتی ہیں، میدانی اور پہاڑی۔ میدانی علاقوں کا ٹماٹر گول اور پہاڑی علاقوں کا ٹماٹر لمبوترا ہوتا ہے۔ ٹماٹر کو کٹھے بینگن بھی کہا جاتا ہے۔ اس کو پکا کر اور بغیر پکائے بکثرت کھایا جاتا ہے۔ یہ جتنا سرخ زیادہ ہو گا اتنا ہی پختہ ہو گا اور جس قدر کم ہو گا اس قدر پختگی بھی کم ہو گی۔ اسے دنیا بھر میں کچے سلاد کے کے طور پر کھایا جاتا ہے۔

اس کے اجزاء میں وٹامن اے سی، ایچ، فولاد اور نمکیات کافی مقدار میں شامل ہے۔ اس کا مزاج سرد تر ہے۔ یہ وہ سبزی ہے جسے عام طور پر تنہا پکا کر نہیں کھایا جاتا۔ اس کی میٹھی چٹنی بھی تیار کی جاتی ہے جسے ٹماٹوسوس کہتے ہیں جو گھر میں کھانے کے علاوہ ہوٹلوں اور ضیافتوں میں استعمال ہوتی ہے۔

ٹماٹر کے فوائد

ٹماٹر کے حسب ذیل فوائد ہیں:

* یہ بھوک لگاتا ہے اور کھانے کو ہضم کرتا ہے۔
* قبض کشا ہے۔

* اگر بچوں کے ہاتھ پاؤں ٹیڑھے ہو جائیں تو ٹماٹر کا رس متواتر پلاتے رہنے سے جلد آرام آجاتا ہے۔

* خون کی کمی، یرقان، ورم گردہ، ذیابیطس اور موٹاپے میں صبح نہار منہ ایک بڑا سرخ ٹماٹر استعمال کرنے سے بہت فائدہ ہوتا ہے۔ یعنی ٹماٹر پھل کی شکل میں استعمال کیا جائے۔

* ٹماٹر خون کو صاف کرتا ہے۔ جسم کی خشکی کو دور کرتا ہے۔

* وہم اور وحشت کو ختم کرتا ہے۔

* قوت باہ کو بڑھاتا ہے۔

* طبیعت کو فرحت دیتا ہے۔

* گرمیوں میں اس کا استعمال گرمی اور حرارت کو ختم کر دیتا ہے اس لیے اس کا گرمیوں میں زیادہ استعمال ہوتا ہے۔

* گرم سبزیوں کی تاثیر بدلنے کے لئے اس میں ٹماٹر کا اضافہ کیا جاتا ہے جس سے ان کی گرمی زائل ہو جاتی ہے۔

* مریض اور کمزور افراد کو ٹماٹر کا استعمال بے حد مفید ہے۔

* دانتوں کو مضبوط بنانے اور بیماریوں سے محفوظ رکھنے کے لئے ٹماٹر کا استعمال بہت ضروری ہے۔

* ٹماٹر کے جوس میں وہ تمام اجزاء پائے جاتے ہیں جو بچوں کی پرورش کے لیے ضروری ہوتے ہیں۔ اس لیے بچوں کو روزانہ صبح ایک ٹماٹر دھو کر کھلانا بہت مفید ہوتا ہے۔

ٹماٹر کا رس بچوں کی پرورش اور دانتوں کی حفاظت کرتا ہے۔

ان ماؤں کے لئے ٹماٹر کھانا بے حد نفع بخش ہوتا ہے جن کے بچے شیر خوار ہوتے ہیں۔ اس سے ماں کا خون صاف ہو جاتا ہے اور نتیجتاً اس کا اچھا اثر بچے کی صحت پر پڑتا ہے۔ لہٰذا انہیں ہر صبح ٹماٹر ضرور کھانا چاہیے۔

* حاملہ خواتین کے لئے صبح صبح ایک ٹماٹر کا جوس بہت مفید ہے۔ اس سے ان کا معدہ درست کام کرتا رہتا ہے اور قے اور متلی وغیرہ کی شکایت بھی دور ہو جاتی ہے۔

* ہمیشہ صحت مند رہنے کے لئے ضروری ہے کہ دوپہر کے کھانے کے ساتھ مولی، چقندر، سلاد اور ٹماٹر کا استعمال ضرور کیا جائے۔

* کچا ٹماٹر کھانے کی صورت میں کچھ دیر پانی ہرگز نہیں پینا چاہیے تاکہ ٹماٹر میں موجود تیزابی مادے معدے میں بغیر پانی پیئے اپنا کام بخوبی سرانجام دے سکیں۔

مذکورہ بالا فوائد کے علاوہ ٹماٹر کے چند نقصانات بھی ہیں۔

* ٹماٹر بادی اور بلغم پیدا کرتا ہے۔

* تپ دق کے مریضوں کے لئے ٹماٹر مفید نہیں ہے۔

* سینے اور گلے کے امراض والے مریض کے لئے ٹماٹر فائدہ مند نہیں۔

* گردہ کی پتھری والے مریض بھی ٹماٹر استعمال نہ کریں۔

ٹماٹر زکام پیدا کرتا ہے۔

* پیٹ میں ٹماٹر سے نفخ پیدا ہوتی ہے۔

* * *

گوبھی سے نظریں نہ چرائیں

ہمارے ہاں اکثر اسے آلو کے ہمراہ پکایا جاتا ہے جو مناسب نہیں ہے اس سے یہ نفاق پیدا کرنے کا باعث بنتی ہے۔ اس کے علاوہ بد ہضمی اور اپھارہ کی شکایت ہو جاتی ہے۔

* پھول گوبھی بلغم کو روکتی ہے اور مسوڑھوں کے لئے بہت مفید ہے۔

گوبھی موسم سرما کی مشہور سبزی ہے۔ اس کی دو اقسام ہیں۔ ایک پھول گوبھی اور دوسری بند گوبھی۔

گوبھی کو عربی میں قبنیطہ، فارسی میں کلم رومی، سندھی میں گوبھی اور انگلش میں Gole Flower کہا جاتا ہے۔

اگر گوبھی کا کثرت سے زیادہ استعمال کیا جائے تو کچھ دنوں کے بعد استعمال کرنے والا ہوا میں اڑنے لگتا ہے کیونکہ گوبھی کے بارے میں جدید سائنسی تحقیق کے مطابق بتایا گیا ہے کہ اس میں سوئی گیس سے زیادہ گیس ہوتی ہے۔ اس لیے اس کے استعمال میں احتیاط ضروری ہے۔

پھول گوبھی

پھول گوبھی میں موجود فاسفورس، وٹامن بی، وٹامن سی پائے جاتے ہیں جو کہ دانتوں کی بیماریوں کے لئے مفید ہیں۔

* ہمارے ہاں اکثر اسے آلو کے ہمراہ پکایا جاتا ہے جو مناسب نہیں ہے اس سے یہ

نفاق پیدا کرنے کا باعث بنتی ہے۔ اس کے علاوہ بد ہضمی اور اپھارہ کی شکایت ہو جاتی ہے۔

* پھول گو بھی بلغم کو روکتی ہے اور مسوڑھوں کے لئے بہت مفید ہے۔

* یہ خون صاف کرنے والی بہترین سبزیوں میں شمار کی جاتی ہے۔

* اس کے استعمال سے پھوڑے پھنسیوں اور بواسیر کی شکایت ختم ہو جاتی ہے۔

* یہ پیشاب آور خصوصیات کی حامل ہے اور خون کو مضر اثرات سے پاک کرتی ہے جس کی وجہ سے جلد پر اس کے اثرات بہت مثبت پڑتے ہیں۔

* خونی و بادی بواسیر کے علاوہ پیشاب کی جلن اور جریان کے لئے بھی بہت مفید ہے۔

بند گو بھی

یہ بنیادی طور پر یورپ کی سبزی ہے جو ہمارے ہاں بھی کاشت ہوتی ہے اس کی تاثیر بھی سرد خشک ہے۔

بند گو بھی میں درجہ دوئم کے پروٹین پائے جاتے ہیں۔ اس کے استعمال سے جسم طاقتور ہوتا ہے۔

* بواسیر کے مریضوں کے لئے اس کے پتوں کو سلاد کے طور پر کھانا مفید ہے۔

* صفرا اور فسادِ خون کے مریضوں کے لئے اس کا استعمال فائدہ مند ہے۔

* اس کا سالن خونی بواسیر کے لئے بہترین غذا اور دوا ہے۔

* یہ بلغم کو بننے سے روکتی ہے اور مسوڑھوں کے لئے بھی بے حد مفید سبزی ہے۔

* اس کا کثرت سے استعمال قبض پیدا کرتا ہے۔ اس کے علاوہ یہ جسم میں خشکی پیدا کرنے کا باعث بن سکتا ہے۔

* بند گوبھی اور پھول گوبھی معدے اور گھٹیا کے مریضوں کو استعمال کرنے میں احتیاط کرنی چاہیے۔

* سینے کے امراض میں مبتلا مریضوں کو بھی گوبھی کے استعمال سے پرہیز کرنا چاہیے۔

* گوبھی پکاتے وقت اس میں ادرک کو ضرور شامل کرنا چاہیے۔

※ ※ ※

مولی کو کھانے میں شامل کیجئے

حکیم حمیدالدین بقائی دہلوی

مولی کے پتوں کا پانی دس تولہ میں شکر سرخ بقدر ذائقہ ملا کر صبح نہار منہ پینے سے ہفتہ عشرہ میں یرقان کی بیماری دور ہو جاتی ہے مولی کے پتوں کے پانی سے جگر و پتہ کی نالیاں ماساریقا گردہ اور مثانہ کی نالیاں حالبین وغیرہ دھل کر صاف ہو جاتی ہیں

اللہ تعالیٰ کی بے شمار نعمتوں میں سے مولی بھی ایک بہت بڑی نعمت ہے جو کہ زمانہ قدیم سے نہ صرف یہ کہ ہندوستان اور پاکستان میں بلکہ دنیا کے بیشتر ممالک میں بکثرت استعمال کی جاتی ہے۔ مولی بطور غذا کے بھی استعمال کی جاتی ہے اور بطور دوا کے بھی اس کی اہمیت و افادیت اور شفا بخشی مسلم ہے۔ پہاڑی علاقوں میں مولی بارہ مہینے پیدا ہوتی ہے لیکن میدانی اور شہری علاقوں میں یہ سبزی موسم سرما میں دستیاب ہوتی ہے۔ مختلف علاقوں اور آب و ہوا کے اختلاف سے مولی کے ذائقہ، شکل و صورت قد و قامت اور وزن میں فرق ہوتا ہے لیکن مولی کا گورا چٹا دودھ جیسا سفید رنگ عوام اور خواص سب ہی کے لئے جاذب نظر اور پرکشش ہے۔ سلاد کے طور پر مولی کسی بھی دسترخوان کی زینت کو چار چاند لگا دیتی ہے۔ کھانے کے لطف اور لذت کو دو بالا کر دیتی ہے۔ امیر ہوں یا غریب کچی مولی سب ہی بہت شوق سے کھاتے ہیں۔ مولی بھری روٹی، مولی کی بھجیا مولی کے کباب، مولی کا سالن پاکستانیوں کی مرغوب اور پسندیدہ ڈش ہے۔ نمک مرچ اور مصالحہ لگا

کر مولی نہایت ہی چٹ پٹی اور مزے دار ہو جاتی ہے جسے بچے اور بڑے نہایت ہی ذوق و شوق سے کھاتے ہیں۔ مولی کی پھلیاں سینگرے یا مونگرے کہلاتی ہیں قیمہ میں ان کا سالن نہایت ہی لذیذ بنتا ہے۔ مولی حیرت انگیز طور پر شفاء بخش اثرات کی حامل ہے بہت سے امراض کا ازالہ کرتی ہے۔ مولی کا مزاج بالفعل سرد ہے لیکن بالقوہ پہلے درجہ میں گرم خشک ہے۔ مولی بذات خود دیر ہضم اور نفاخ ہے لیکن اس کے باوجود ہاضم طعام ہے کاسر ریاح ہے۔ مدر بول ہے پیشاب کھول کر لاتی ہے۔ بواسیر کے لیے مفید ہے۔ مولی میں نمک کالی مرچ لگا کر کھانے سے آواز صاف ہوتی ہے۔ دانتوں کو فائدہ پہنچتا ہے۔ خوراک ہضم ہوتی ہے۔ پیٹ کا درد رفع ہو جاتا ہے۔

مولی کے پتے پانچ تولہ، مصری دو تولہ، سفید مرچ پانچ دانے پانی میں پیس چھان کر صبح نہار منہ پینے سے مسوں کی خارش جلن اور درد رفع ہو جاتا ہے۔ گردہ اور مثانے کی پتھری ٹوٹ کر خارج ہو جاتی ہے۔ مولی کے بیج پانی میں جوش دے کر چھان کر سکنجبین سرکہ ملا کر پینے سے کھل کر قے آجاتی ہے جس سے تخمہ بد ہضمی وغیرہ کی شکایت دور ہو جاتی ہے۔ معدہ ہر قسم کے زہریلے اور گندے مادوں سے پاک صاف ہو جاتا ہے۔

مولی کے بیج تنہا پیس کر شہد میں ملا کر چہرہ پر لگانے سے یا ابٹن کی دوسری دواؤں میں شامل کر کے چہرہ پر لگانے سے چہرہ کے داغ دھبے سیاہی کی شکایات دور ہو جاتی ہیں۔ چہرہ کا رنگ نکھر کر صاف ہو جاتا ہے۔ سرکہ میں مولی کا اچار بنا کر کھانا ورم طحال کے لئے مفید ہے۔

مولی کے پتوں کا پانی دس تولہ میں شکر سرخ بقدر ذائقہ ملا کر صبح نہار منہ پینے سے ہفتہ عشرہ میں یرقان کی بیماری دور ہو جاتی ہے جس طرح کسی اچھے مسہل سے معدہ اور آنتیں دھل کر صاف ہو جاتی ہیں بالکل اسی طرح مولی کے پتوں کے پانی سے جگر و پتہ کی

نالیاں ماساریقا گردہ اور مثانہ کی نالیاں حالبین وغیرہ دھل کر صاف ہو جاتی ہیں۔ محلل اور مدر حیض ہونے کے باعث مولی کے پانی اور مولی کے بیج خواتین کے امراض احتباس الطمث اور ورم رحم کے لئے مفید ہیں۔ مکو سبز، کاسنی سبز اور مولی کے پتوں کا پانی لے کر مروق کر کے یعنی پھاڑ کر پلانا تمام اندرونی اعضاء کے اورام کے لئے تیر بہدف ہے۔

مولی کے پانی میں شربت بزوری ملا کر پلانا استسقاء کے لئے نہایت ہی مفید ہے۔ خشک مولی کو پانی میں ابال کر چھان کر پلانے سے ہچکی کو بہت جلد فائدہ ہوتا ہے۔ مولی اور اس کے پتوں کا پانی روغن گل میں جلا کر روغن ترب تیار ہوتا ہے جو کے کان کے درد، بہرہ پن، ثقل سماعت، طنین ودوی یعنی کان میں جھینگر کی سی آوازیں آنے میں فائدہ ہوتا ہے۔

مولی کے بیجوں کا تیل زہریلے جانوروں کے کاٹے پر لگانے سے زہر کے اثرات بہت جلد دور ہو جاتے ہیں۔ مولی کے بیج مقوی بدن اور مقوی باہ ہیں۔ مختلف مقوی معاجین میں شامل کیے جاتے ہیں اور ان کے فوائد میں اضافہ کرتے ہیں۔

مولی کے پتوں کے پانی سے مختلف مرکبات اور کشتہ جات تیار کیے جاتے ہیں۔ کشتہ ابرک بخاروں میں نہایت مفید ثابت ہوتا ہے جبکہ مولی کے پانی میں کشتہ حجر الیہود بنایا جاتا ہے جو کہ گردے اور مثانہ کی پتھری کو توڑنے اور درد گردہ رفع کرنے کے لئے موثر ترین دوا ہے۔

مولی کا نمک بھی دیسی طب کی نہایت ہی مشہور و معروف دوا ہے جو کہ پیٹ کا درد سینے کی جلن گیس اور ہاضمہ کی تمام خرابیوں کو دور کرنے کے لئے یقینی طور پر مفید ہے۔

مولی کے بیجوں کا تیل فالج اور لقوہ کی بیماریوں میں خوردنی طور پر بھی استعمال ہوتا ہے۔ بیرونی طور پر روغن زیتون میں ملا کر مالش کرتے ہیں۔ مولی کا چھلکا چہرے پر ملنے

سے چہرے کی سیاہی داغ دھبے وغیرہ دور ہو جاتے ہیں۔

مختصر یہ کہ مولی نہایت ہی غریب پرور اور اچھی غذا بھی ہے۔ مفید اور شفاء بخش دوا بھی ہے ہمیں اسے اعتدال کے ساتھ استعمال کرنا چاہیے۔

❋ ❋ ❋

کریلا صحت کے لئے کڑوا نہیں

شانزے

اعضائے جنسی کو بھی کریلے تقویت بخشتے ہیں کیونکہ بہت کم ادویہ اور اغذیہ ایسی ہیں جو جریان اور ضعف باہ کے لئے مفید ہوں۔ ان ہی میں سے ایک کریلا ہے جس سے جریان کے مریض بھی مستفید ہوتے ہیں۔ شرط صرف اتنی ہے کہ جریان اور ضعف باہ کا باعث کوئی گرم خلط نہ ہو

کریلا موسم گرما کی لذیذ ترین ترکاریوں میں سے ایک ہے۔ یہ ترکاری سب کی دل پسند ہے۔

اس مشہور عام ترکاری کا رنگ سبز، زردی مائل، شکل لمبوتری اور بیرونی سطح دھاری دار ہوتی ہے۔ اس کے اندر بیضوی چپٹے بیج ہوتے ہیں جن کا ذائقہ تلخ اور مزاج گرم و خشک ہوتا ہے۔ بیرونی جلد کو چھیل کر اور درمیان میں سے سخت بیجوں کو نکال کر سالن تیار کیا جاتا ہے۔ سالن تیار کرتے وقت اگر انہیں صرف گھی میں بھونا جائے اور پانی کی آمیزش نہ کریں تو اس کا ذائقہ بہت ہی لذیذ اور دل پسند ہوتا ہے۔ لذت کام و دہن کے لئے ثابت کریلوں سے سخت بیج نکال کر گوشت کا قیمہ ابال کر نمک مرچ کے اضافہ سے ان میں بھر کر گھی میں تل کر کھانا لطف بیکراں دیتا ہے۔

کریلے صرف لذیذ ترکاری ہی نہیں بلکہ ایک ایسی مفید غذا بھی ہے جس کے جسم

انسانی پر بہت اچھے اثرات مرتب ہوتے ہیں۔ کڑوے ہونے کی وجہ سے کریلے مشتہی، ہاضم اور مصفی خون ہوتے ہیں اور ان کے کھانے سے پیٹ میں پیدا ہونے والے ریاح تحلیل ہوتے ہیں۔ اس سے نظام انہضام کے خصوصی اعضاء مثلاً معدہ اور امعاء وغیرہ کو تقویت بھی حاصل ہوتی ہے۔

یہ کڑوے اور تلخ ہونے کی وجہ سے امعاء کے کیڑوں کو بھی ختم کرتے ہیں۔ اس عمل کے لئے اس پائے کی کوئی بھی دوسری سبزی یا ترکاری نہیں ہوتی۔ کریلوں کا پانی امعاء کے امراض میں بہت ہی نافع ہے۔ خصوصی طور پر ہیضہ جو عالمگیر مرض کی حیثیت رکھتا ہے اس کا جرثومہ انتڑیوں میں ہی نشوونما پاتا ہے اور کریلوں کا پانی ایک چمچہ سے دو چمچہ کی مقدار میں پلانا ان جرثوموں کو ختم کر دیتا ہے۔ پیٹ میں پانی پڑ جانے اور استسقاء لحمی میں بھی یہ بہت ہی نافع ہے۔

عام جسمانی امراض میں بھی کریلے بطور غذائے دوائی مستعمل ہیں۔ ان کا پابندی سے کھانا وجع المفاصل کے مریضوں کے لئے بہت فائدہ مند ہے۔ اسی طرح نقرس اور گنٹھیا کے مریض بھی اس سے بہت استفادہ حاصل کرتے ہیں۔ ان امراض میں کریلوں کا سالن بہت مفید ہے۔

علاوہ ازیں فالج اور لقوہ و دیگر اعصابی امراض میں بھی کریلے کے فوائد بہت نمایاں ہوتے ہیں ان کے استعمال سے اعصاب میں تحریک ہوتی ہے اور کریلے اعصاب کی قوت کی بحالی کے لئے اہم کردار ادا کرتے ہیں۔ گرم و خشک تاثیر کے باعث جسم میں اجتماع بلغم کے لئے مانع اور رطوبات کو تحلیل کرتا ہے۔ پراگندہ خیالی میں سود مند اور اعصاب کے لئے عمدہ غذائی ٹانک ہے۔

اعضائے جنسی کو بھی کریلے تقویت بخشتے ہیں کیونکہ بہت کم ادویہ اور اغذیہ ایسی ہیں جو جریان اور ضعف باہ کے لئے مفید ہوں۔ ان ہی میں سے ایک کریلا ہے جس سے جریان کے مریض بھی مستفید ہوتے ہیں۔ شرط صرف اتنی ہے کہ جریان اور ضعف باہ کا باعث کوئی گرم خلط نہ ہو۔ کیونکہ اگر اس کا باعث خلط صفرا ہو گی تو بجائے فائدہ کے نقصان کا اندیشہ ہے اور اگر یہ بلغم کے سبب لاحق ہونے والے عارضوں میں سے ہو گا تو کریلا بہت مفید ثابت ہو گا۔

امراض جگر و مرارہ میں سے استسقاء اور یرقان دو ایسے امراض ہیں جن میں کریلوں کا پانی بطور دوا اور سالن بطور غذا بہت نافع ہے کریلوں کا پانی یرقان کی تمام حالتوں کے علاوہ یرقان سدہی میں بھی بہت ہی مفید اور موثر ہے۔ استسقاء میں بھی کریلوں کا پانی صبح دوپہر اور شام دو دو چمچے پلانا اور غذا میں اس کا سالن استعمال کرانا بہت جلد افاقہ کی صورت پیدا کرتا ہے۔

جگر کے سبب لبلبہ کی رطوبت انسولین یا دماغی نقص کی وجہ سے گلوکوز کے استحار میں خرابی لاحق ہو جائے یا خون میں گلوکوز کا طبعی تناسب متاثر ہو کر زیادہ ہو جائے تو کریلوں کا پانی سالن اور خشک کریلوں کا سفوف بہت ہی مفید و موثر دوا اور غذا ہیں۔

امراض گردہ مثانہ میں سے سنگ گردہ و مثانہ بہت ہی اذیت ناک امراض ہیں۔ ان کے علاج کے لئے ہسپتال میں آپریشن کروا کر ہفتوں بستر پر لیٹنا پڑتا ہے۔ کریلوں میں قادر مطلق نے یہ خاصیت رکھی ہے کہ گردہ و مثانہ کی پتھری کو اپنی خاصیت سے ریزہ ریزہ کر دیتے ہیں اور اس کے ساتھ مدر ادویات کا استعمال ان کے بہت جلد اخراج کا باعث بنتا ہے۔

کریلے گرم مزاج افراد کے لئے مضر اور نقصان دہ ہیں۔ خصوصاً ایسے افراد جن میں کریات حمرہ کی تعداد کم ہو۔ بخاروں میں اکثر بطور سالن اس کا استعمال مضر ثابت ہوتا ہے۔ مناسب گھی، سبز دھنیا اور دہی کے ملانے سے اس کی اصلاح ہو جاتی ہے۔

***